LES
VENTES JUDICIAIRES

RAPPORT

PRÉSENTÉ

Par Mᵉ PATTESON, Notaire à Hyères (Var)

A L'ASSEMBLÉE GÉNÉRALE

DES NOTAIRES DE L'ARRONDISSEMENT DE TOULON

Le 15 Novembre 1881

TOULON

IMPRIMERIE ET LITHOGRAPHIE M. MASSONE
Boulevard de Strasbourg, 56.

1881

LES

VENTES JUDICIAIRES

LES

VENTES JUDICIAIRES

RAPPORT

PRÉSENTÉ

Par Me PATTESON, Notaire à Hyères (Var)

A L'ASSEMBLÉE GÉNÉRALE

DES NOTAIRES DE L'ARRONDISSEMENT DE TOULON

Le 15 Novembre 1881

TOULON

IMPRIMERIE ET LITHOGRAPHIE M. MASSONE

Boulevard de Strasbourg, 56.

—

1881

VENTES JUDICIAIRES

—◦—

Messieurs et chers Confrères,

Chaque année, un de nous est chargé de présenter à l'Assemblée générale un travail, une étude sur une question de droit intéressante : c'est là œuvre bonne et utile.

Laissant à d'autres réunions les joutes oratoires, les débats passionnés, vos délégués se sont toujours bornés à élucider quelque difficulté de pratique, à signaler quelque utile réforme. C'est en vain que vous chercheriez dans leurs rapports annuels les discussions de théorie ou d'école, les arguties plus ou moins habiles.

Chargé cette année du rapport, ayant reçu et accepté pour programme « les Ventes judiciaires » j'aurais voulu, comme mes devanciers, préparer un travail complet, digne de l'importance de la question et digne de vous ; mais, averti tardivement de l'honneur qui m'était fait, le temps matériel d'entreprendre cette étude me manquait, eu égard surtout au peu de loisirs que nous laissent les exigences de notre profession, si laborieuse, si absorbante : je me bornerai donc à signaler, d'une manière très incomplète d'ailleurs, les dangers, les abus de la procédure actuelle en matière de ventes judiciaires, à rechercher les réformes à y apporter; à défaut d'autre mérite, j'aurai celui d'être bref.

La question n'est pas neuve : les plaintes soulevées contre les dispositions du code de procédure, en ce qui concerne les ventes judiciaires, existent depuis l'application de ce code ; la chose est si vraie que, dès 1816, la loi Belge, abandonnant les errements de notre code, édictait pour les ventes judiciaires une procédure simple, claire, rapide, économique, complètement différente, en un mot, de la nôtre. Il est pénible d'en être encore à désirer l'application d'une loi dont nos excellents voisins jouissent depuis plus de soixante ans ; ils ont pris nos codes en les améliorant ; pour la première fois la contre-façon vaut mieux que l'original.

La loi Belge du 23 juin 1816 a, en effet, abrogé toutes les dispositions et formalités du code de procédure à l'égard de ce que nous sommes convenus d'appeler « Ventes judiciaires » et a confié aux notaires, sous certaines conditions, sous certaines garanties, la direction, la réception de toutes les ventes, quelles qu'elles soient ; depuis sa promulgation, la loi du 23 juin 1816 n'a donné lieu à aucune difficulté, à aucune plainte sérieuse.

Pourquoi, comment une réforme, si vite et si bien faite, est-elle encore à faire chez nous ? Ce ne sont pourtant ni les pétitions, ni les réclamations, ni les études législatives, ni les projets de loi, ni les lois elles-mêmes qui ont manqué ; rien n'a pourtant modifié d'une manière sérieuse, efficace, la procédure des ventes judiciaires : la loi de 1841 a plutôt aggravé la situation en prohibant la clause de voie parée qui, dans la pratique, en mitigeait les inconvénients ; quant à celle du 21 mai 1858, tout en améliorant le régime des saisies et des ordres, ce n'est que très indirectement qu'elle s'est occupée des ventes.

Cette réforme de la procédure dans les ventes judiciaires, nous l'appelons de tous nos vœux, de toutes nos forces ; nous allons voir

combien urgente, indispensable elle est, combien elle s'impose.

Si cette réforme n'était pas aussi importante, si elle ne touchait qu'à nos intérêts professionnels, nous la laisserions s'opérer d'elle-même ; nous nous garderions bien d'éveiller les susceptibilités d'une corporation voisine où nous ne comptons que des amis ; mais elle est d'un intérêt si élevé, si général, si évident, que nos petits intérêts disparaissent et que nous pouvons, nous devons, sans scrupule, sans arrière-pensée personnelle, nous dévouer à son triomphe.

Nous estimons que les lois et surtout celles de procédure ne sont pas faites pour la commodité ou la convenance des officiers ministétériels, des fonctionnaires chargés de les appliquer, mais dans l'intérêt, pour l'utilité du grand public qui les subit ou en profite.

Les ventes judiciaires comprennent d'une manière générale :

1° Les ventes sur saisie, poursuivies sur saisie ou converties sur publications volontaires ;

2° Les ventes d'immeubles appartenant pour tout ou partie à des mineurs, interdits, faillis ou autres incapables.

Les tribunaux peuvent soit réserver à leur barre, soit renvoyer devant notaires les ventes dont s'agit.

L'intention évidente du législateur a été que la vente fût renvoyée devant notaire chaque fois que l'intérêt des parties en cause le demande, et nous verrons si les parties y ont intérêt ; en droit, le renvoi devrait toujours être ordonné quand il est demandé ou accepté par toutes les parties.

En fait, le renvoi est accordé quelquefois, refusé souvent par certains tribunaux ; refusé constamment, systématiquement par d'autres.

Les cours d'appel sont, d'une manière générale, beaucoup plus favorables aux renvois devant notaires ; mais un appel en la matière ne peut guère être utile que pour le principe ; les frais d'appel viendront se joindre à ceux de première instance et seront en définitive supportés par les immeubles, soit, autrement, par les parties en cause.

Ce n'est donc que par une mesure, une disposition législative que l'on pourra faire disparaître les inconvénients des ventes à la barre du tribunal, inconvénients que nous allons signaler.

Quel est l'intérêt essentiel, primordial soit

du créancier poursuivant, soit du débiteur saisi, soit encore de l'incapable ou de ses copropriétaires indivis ?

Evidemment que la vente se fasse au plus haut prix possible, de manière à ce que le créancier soit complètement désintéressé, le débiteur complètement libéré, en sauvant à ce dernier quelque chose de son avoir ; de manière enfin à ce que les propriétaires indivis, incapables ou non, retirent le plus possible de la vente de leurs immeubles ; le trésor, de son côté, est intéressé à ce que les immeubles atteignent le plus haut prix possible.

Nous allons voir comment cet intérêt est sauvegardé dans les ventes judiciaires.

Ne parlons que pour mémoire des lenteurs apportées à ces ventes ; il est certain qu'il y a là pourtant une cause de dépréciation sensible, surtout pour les immeubles ruraux : un immeuble indivis ou saisi, dont la vente est prochaine, imminente, ne reçoit plus de son propriétaire des soins aussi assidus, aussi dévoués que par le passé ; l'immeuble a cessé de lui appartenir, il le délaisse ; certaines de ces lenteurs proviennent uniquement du code de procédure, mais d'autres sont inhérentes aux habitudes, aux usages judiciaires ; ils peuvent être attribués à l'encombrement des tribunaux, au peu d'heures consacrées aux ventes par semaine ; enfin aux vacances annuelles.

Nous arrivons au point le plus important, au grief le plus sensible : les frais dans les ventes judiciaires.

Ces frais sont de deux sortes :

Ceux antérieurs à la vente, frais de poursuites, significations, publications, etc., et ceux postérieurs qui constituent seuls, à vrai dire, les frais de ventes ordinaires.

Les frais antérieurs à la vente sont généralement de 4 à 500 francs, rarement inférieurs à ce chiffre, souvent bien supérieurs ; notez qu'il s'agit de frais fixes, si je puis m'exprimer ainsi, n'ayant aucune corrélation avec la valeur des immeubles ; que n'étant nullement basés sur les prix d'adjudication mais bien sur les incidents de procédure, sur le nombre plus ou moins considérable des propriétaires, des débiteurs ou des créanciers en cause, le maximum peut se trouver appliqué aux immeubles les moins importants ; nous citerons de mémoire, et par expérience, quelques cas : un immeuble adjugé 150 francs se présentant escorté d'une note à payer de 1,150 francs ; un autre adjugé 800 francs, avec 1,800 francs de frais ;

un troisième 70 francs avec 600 francs de frais.

Il ne s'agit toujours, bien entendu, que des frais antérieurs à la vente ; il convient d'y ajouter ceux postérieurs, enregistrement, transcription, greffe, etc., qui s'élèvent encore à un chiffre important.

Autant et plus encore que l'énormité de ces frais, leur défaut de fixité, de base, de certitude, tend à éloigner les enchérisseurs ; ceux-ci ne viennent pas à la vente ou avec une prudence très justifiée, reconnaissons-le, n'enchérissent qu'en gardant une marge considérable pour ne pas voir leurs calculs déjoués par des frais imprévus.

De ce qui précède, nous pouvons, dès à présent, préjuger, prévoir à quel prix doivent être adjugés les immeubles de 1,000 francs et au-dessous, quand ils trouvent preneurs, ce qui n'arrive pas toujours.

En fait, nous voyons souvent des immeubles de cette valeur être adjugés de 10 à 50 francs, ou rester pour compte ; ceux au-dessus de 1,000 francs supportent une dépréciation proportionnelle.

En résumé, les immeubles de 1,000 à 10,000 francs paient au dieu de la procédure, un

impôt de 25 p. cent ou un quart de leur
valeur.

Notons en passant quelques résultats qui
nous restent acquis :

1° Impossibilité absolue à un prêteur pru-
dent d'accorder un crédit quelconque à un
immeuble valant moins de 2,000 francs ; or
ce sont ces immeubles qui sont déjà et de
beaucoup les plus nombreux ; leur nombre ne
peut qu'aller en augmentant avec le morcelle-
ment, l'émiettement continu et progressif de
la terre, que nous devons au code civil ;

2° Absorption, disparition de tout héritage
immobilier d'une valeur inférieure à 2,000
francs, quand il y a plusieurs héritiers, au
nombre desquels un incapable.

Si on a voulu uniquement éviter, prévenir
la dilapidation par le tuteur de la fortune de
ses pupilles, on a complètement, absolument
réussi : où il n'y a rien, il n'y a rien à prendre ; mais prétendre garantir, protéger de cette
façon les intérêts des incapables, c'est autre
chose.

L'énormité des frais, leur défaut de fixité ne
constituent pas les seuls inconvénients des
ventes judiciaires ; il en est d'autres.

Je ne sais ce qui arrive dans d'autres pays ;

mais en France, à tort ou à raison, on répugne à enchérir devant le tribunal ; peut-être est-ce un souvenir des biens nationaux ? C'est un préjugé, mais un préjugé tout puissant, et la plupart des acquéreurs préféreraient payer plus cher, mais en suivant les voies ordinaires, les voies amiables.

Les publications et annonces, dont le coût tient pourtant une place importante dans les notes de frais alors surtout qu'il s'agit d'immeubles de peu de valeur, ne suffisent pas ou suffisent mal à appeler, à attirer les enchérisseurs ; un avis direct, un conseil du notaire, connaissant les immeubles, sachant, ou cherchant et trouvant à qui ils pourraient convenir, du notaire directement intéressé à empêcher l'avilissement des immeubles, à défendre, à protéger les intérêts des prêteurs, à garantir l'avenir, la prospérité des familles, seront toujours beaucoup plus efficaces.

A un autre point de vue, le notaire est beaucoup plus à même que tout autre de dresser d'une manière exacte le cahier des charges, soit pour une favorable division des immeubles, soit pour l'établissement des charges et conditions, soit pour les origines de propriété, soit encore et surtout pour l'énonciation des servitudes actives ou passives. Les éléments du cahier des charges, le notaire les trouve sans frais dans son étude ou celle de ses confrères. Où l'avoué prendra-t-il ces renseignements ? Requerra-t-il des états des transcriptions ? Ce n'est guère dans ses habitudes ; ce serait au surplus fort souvent trop coûteux.

L'examen préalable du cahier des charges est d'une utilité évidente, essentielle pour les futurs enchérisseurs : cet examen est-il facile, est-il possible, pour eux au greffe du tribunal, obligés qu'ils sont de faire un voyage souvent assez long au chef-lieu d'arrondissement, de s'assurer le concours d'un avoué ?

Le jour de la vente, les mêmes difficultés de distance se présentent si la vente a lieu au chef-lieu d'arrondissement à 50, 60 kilomètres de la situation des immeubles, c'est-à-dire du domicile des enchérisseurs probables ; combien consentiront à faire un voyage ennuyeux, fatigant, coûteux pour un résultat aussi incertain ? Nous ne parlons que des cas ordinaires où la vente a lieu au chef-lieu d'arrondissement ; mais n'avons-nous pas vu des immeubles situés dans notre département adjugés devant le tribunal de la Seine ?

Chez le notaire, tous les habitants en mesure

d'acheter, ayant une heure à perdre, assistent à la vente, y prennent part et, dans le feu des enchères, l'immeuble trouve acquéreur à des conditions inespérées.

Ce défaut d'enchérisseurs devant le tribunal est certain, incontestable; en voici la preuve irréfutable, si besoin est : pour cent ventes aux enchères devant notaire, deux surenchères ; devant le tribunal, dix-huit; neuf fois plus. C'est que devant le notaire, toujours ou presque toujours, grâce à la concurrence, les enchères atteignent dès le premier jour le prix vénal, raisonnable, des immeubles, tandis que devant le tribunal ce n'est que la vileté du prix de l'adjudication primitive qui séduit les acquéreurs et provoque une surenchère ; soit de nouveaux frais, et pas peu élevés, pour arriver au même résultat.

J'aurais d'autres griefs à vous signaler contre les ventes judiciaires à la barre du tribunal : emploi obligé de l'avoué pour enchérir, obligation pour l'enchérisseur illettré de fournir procuration ; impossibilité de faire, dans aucun cas, quittancer le prix dans l'adjudication même et d'obtenir des copies par extraits des titres d'acquisition, etc. Mais nous croyons en avoir assez dit pour établir combien le maintien de la procédure actuelle est vexatoire, ruineux, désastreux.

Les ventes judiciaires, dans les conditions aujourd'hui usitées, ont pour résultat direct :

L'avilissement de la propriété ;

Le discrédit absolu des immeubles peu importants, dont les propriétaires auraient le plus besoin d'avances et qui sauraient le mieux les employer à l'amélioration de leurs terres, à l'enrichissement par suite du pays ;

La ruine, le dépouillement des mineurs, des incapables auxquels la loi doit surtout protection ;

Le défaut de sûreté, de garantie dans les placements hypothécaires de peu d'importance ;

Le défaut de sûreté, de garantie pour l'adjudicataire lui-même par suite du manque de renseignements sur les origines et sur les servitudes des immeubles ;

Enfin situation irrégulière, de beaucoup d'acquéreurs qui, effrayés par les frais des ventes judiciaires, achètent au moyen de prêté fort ; la loi se trouve tournée, les frais évités, mais au prix de quels périls ! Ce serait même là le terrain d'une compensation à offrir à des intérêts secondaires, mais respectables.

Avec une procédure réformée, rendue plus

facile, plus simple, moins coûteuse, le nombre des ventes judiciaires augmenterait considérablement et dédommagerait amplement les avoués d'un sacrifice nécessaire d'ailleurs : nul ne songerait plus à éviter des formalités réellement tutélaires ; la loi serait mieux respectée, la propriété mieux assise.

On a réagi ou plutôt on a essayé de réagir à plusieurs reprises contre les abus, les dangers, les effets néfastes des ventes judiciaires.

Simplifier le code de procédure, diminuer les frais ; la mesure est excellente, s'impose, mais ne peut suffire.

Faire recevoir les ventes judiciaires au-dessous d'une certaine valeur, fixée soit par le revenu, soit par l'impôt, par les juges de paix.

Cette disposition ferait disparaitre certains inconvénients, certaines objections, notamment au sujet des déplacements imposés aux enchérisseurs, mais d'autres et non moins graves subsisteraient et même surgiraient.

Ce mode de procédé enlèverait au juge de paix, le magistrat par excellence, quelque chose de sa paisible sérénité, en le mêlant à des débats d'intérêts, pour lesquels il n'est pas fait ; conserverait-il la même influence, influence si utile, dans les délibérations du conseil de famille, alors que la décision à prendre intéresserait sa compétence, sa juridiction ? Aurait-il le temps de remplir utilement, lui déjà si occupé par ses multiples fonctions, cette nouvelle mission ? Pourrait-il, sans perdre quelque chose de son autorité, j'oserai même dire de sa dignité, s'employer à la réussite des ventes ? Le voudrait-il ? Poser ces questions c'est les résoudre.

Et le greffier des justices de paix, aura-t-il la compétence nécessaire ? Trouverons-nous chez lui des garanties suffisantes ? Là où les greffiers de première instance et les avoués, malgré leur savoir et leur expérience, ont échoué, réussira-t-il ? Sera-t-il à même de dresser un cahier des charges complet ?

Et surtout pourquoi cette classification en immeubles riches, immeubles pauvres ? Où trouver d'ailleurs une base assez sûre pour faire cette distinction ?

Le revenu ? Pour des immeubles qui, la plupart, n'ont jamais été loués ou affermés ;

L'impôt ? Alors que tel immeuble de 10,000 francs ne paie que 10 francs d'impôt et tel autre de 400 francs en paie 40 francs et davantage.

Quelle source de procès, de complications

inextricables ! En résumé de nouveaux frais, de nouvelles lenteurs.

Enfin, si les ventes judiciaires sont désastreuses, écrasantes, ruineuses pour les petits immeubles, elles. sont excessivement lourdes pour les grands ; là où le petit immeuble est anéanti, le grand est amoindri : la même protection est due à tous.

Quelles sont les réformes à proposer, à désirer ? Simplification des tarifs et de la procédure ; rapport de la prohibition de la clause de voie parée ; renvoi constant des ventes devant notaires.

La plus urgente, la plus facile surtout à opérer, serait le rapport de la prohibition de la clause de voie parée.

Rien ne peut justifier cette prohibition ; rien, dans les débats de la loi de 1841, ne l'explique.

La clause de voie parée, dont on a essayé de faire un monstre, consiste uniquement, vous le savez, messieurs, à assurer l'accomplissement d'une obligation, d'un engagement par un mode d'exécution plus rapide, plus sûr et surtout moins coûteux que celui ordinaire.

Quoi de plus licite ?

Les parties contractantes sont capables :

Pourquoi défendre à l'une d'exiger, à l'autre d'accorder les garanties jugées nécessaires ou même simplement utiles ?

Le premier besoin de l'emprunteur n'est-il pas de se procurer les fonds nécessaires aux meilleures conditions ? Le taux de l'intérêt est en corrélation absolue avec les sûretés du prêt; le prêteur est d'autant plus facile qu'il est mieux et plus complètement garanti.

La clause de voie parée ne supprime d'ailleurs nullement les formalités réellement protectrices ; elle a pour unique effet, pour unique objet de convertir en une vente volontaire par une fiction de la loi, une vente sur expropriation. Quel intérêt honnête peut avoir le débiteur à préférer la procédure coûteuse, ruineuse, violente ? Le tribunal conserve d'ailleurs le droit d'accorder au débiteur malheureux un délai suffisant pour faire honneur à ses engagements.

On reproche à la clause de voie parée de créer une procédure trop simple, trop facile ; le reproche est au moins singulier.

La clause de voie parée pourrait devenir une clause dangereuse dans les mains d'un créancier malhonnête, guettant le moment

opportun de dépouiller un débiteur négligent :
absurde imputation dans un pays où la loi
admet les ventes à réméré.

On accepte la vente à réméré, avec ses con-
séquences inexorables, à jour fixe ; la vente
à réméré qui, sans avertissement préalable,
sans sommation, sans formalités aucune, fait
passer irrévocablement, à l'expiration du délai
convenu, la propriété d'une tête sur une autre,
et on repousse la clause de voie parée par
laquelle la vente, simple mesure d'exécution,
a lieu au grand jour, devant notaire, aux
enchères publiques, après annonces, après
sommation au débiteur, avec toutes chan-
ces en un mot, d'obtenir un prix sincère et
loyal.

La clause de voie parée a fait ses preuves
d'ailleurs ; jusqu'en 1841 elle a été d'un usage
presque général et, pendant ce long espace
de temps, elle n'a pas occasionné dix procès
alors que les procédures en expropriation en
font surgir chaque année des milliers.

La clause de voie parée pourrait revivre
sans rien changer à l'économie de nos codes :
il suffirait de rapporter une mesure prohibitive
qui a fait son temps, en rendant aux transac-
tions, aux conventions toute leur liberté.

Il conviendrait de modifier de simplifier la procédure en matière de ventes judiciaires ; d'étudier quelles formalités pourraient être supprimées sans inconvénient ; le but à atteindre est d'assimiler autant que faire se peut ces ventes aux ventes volontaires.

Pourquoi ne pas étendre à toutes les ventes par expropriation la procédure créée par le décret du 28 février 1852 et la loi du 10 juin 1853 ? Pourquoi ne pas faire bénéficier tous les prêteurs des avantages accordés au Crédit Foncier de France ? Pourquoi ce privilège au profit d'une Société ?

La transcription de la saisie, les significations aux créanciers n'ont d'utilité réelle que pour purger les hypothèques inscrites ; chaque fois que la vente aura produit une somme suffisante pour désintéresser tous les créanciers, ou que ceux-ci se seront mis d'accord, ces formalités n'auront servi à rien : la saisie elle-même pourrait être évitée. Après le commandement et l'expiration du délai imparti, citation directe devant le tribunal qui, jugeant sommairement, ordonnerait la vente à un jour plus ou moins éloigné selon la situation des parties, fixerait la mise à prix, le mode de publicité, les charges et conditions de la vente,

désignerait enfin le notaire chargé de la recevoir : c'est au surplus, à peu de chose près
la procédure suivie en Hollande et en Belgique.

Si le produit de la vente ne suffit pas à
désintéresser les créanciers, l'acquéreur sera
obligé de faire purger les hypothèques inscrites : les droits des créanciers étant restés
intacts, ils pourront les faire valoir alors,
comme ils l'auraient fait dans une vente volontaire : il n'y a aucune raison sérieuse pour
procéder autrement.

Signalons en passant les inconvénients graves, les difficultés insurmontables que la transcription de la saisie, profitant à tous les créanciers inscrits, présente dans la pratique : que
de fois n'avons-nous pas été arrêtés par
l'existence d'une transcription de saisie après
que le créancier saisissant, que tous les créanciers même avaient été désintéressés ; comment obtenir la radiation ? Où retrouver ces
créanciers souvent très-nombreux ? Où retrouver surtout leurs héritiers en cas de décès ?
Il s'agit pour les immeubles frappés de saisie
d'une vraie mainmorte.

Les tarifs devraient être modifiés dans le
sens de la diminution, de la suppression
même de tous les droits fixes, écrasants pour

les petits immeubles ; ils seraient remplacés
par un droit unique, proportionnel. Il s'agit,
en effet, là d'un véritable impôt ; et un impôt
n'est juste qu'à la condition d'être proportionnel. C'est une réforme à étudier sérieusement
et dont l'application pourrait, devrait être
généralisée.

Enfin, Messieurs, le renvoi constant des
ventes devant notaire nous paraît être le com-
plément obligé de ces réformes.

Nous croyons avoir démontré, établi combien désirable était la présence, le concours
des notaires aux ventes, quels graves inconvénients occasionnait leur absence.

Nous demandons, certain de n'être inspiré
par aucune arrière-pensée personnelle, que les
ventes soient renvoyées devant notaire, nous
ne disons pas chaque fois que le renvoi sera
utile, nous pensons qu'il l'est toujours, mais
chaque fois qu'il n'y aura pas d'opposition
expresse de la part des parties en cause.

Nous voudrions que le renvoi fût ordonné
d'office par le tribunal ou sur la demande
écrite d'un des intéressés, sans qu'il soit nécessaire d'employer le ministère d'un avoué ;
on demande mal, en effet, ce qu'on ne désire
pas obtenir.

Il est difficile d'expliquer, de comprendre
l'opposition que rencontre cette mesure si utile,
si justifiée ; un examen impartial de la question dissipera promptement toutes les objections plus ou moins intéressées.

Reconnaissons tout d'abord, et il semble
étonnant d'avoir à le faire, que la vente, même
judiciaire, est une vente : ceci posé, il faut bien
rendre au notaire rédacteur et seul rédacteur
autorisé, légal, des conventions des parties,
ce qui lui appartient.

Que la vente ait lieu de gré à gré, ou aux
enchères, qu'elle ait lieu volontairement ou
par mesure d'exécution, il s'agit toujours
d'une vente.

Que le notaire reçoive donc toutes les ventes dont la direction lui sera confiée par les
parties, c'est-à-dire :

Le créancier poursuivant, sauf ratification
par le tribunal ;

Les copropriétaires d'immeubles indivis ou
le conseil de famille des mineurs ou incapables, après ratification ou homologation par
le tribunal ;

Le débiteur saisi lui-même dans un délai
de......... après la saisie ;

Le tribunal, dans la plénitude de ses attributions, réglera sommairement, s'il y a lieu,
toutes les difficultés qui pourront surgir, fixera
les mises à prix, désignera le jour des ventes,
dispensera des publications ou en déterminera
les conditions, choisira le notaire chargé de
recevoir, de préparer les ventes et ce dernier
les recevra dans la plénitude également de ses
attributions.

Que pour les ventes de biens d'incapables
on édicte des garanties particulières, nous le
voulons et le désirons ; qu'on fasse, comme en
Belgique, assister le juge de paix à la vente ;
qu'on exige la communication préalable au
procureur de la république du cahier des
charges ; qu'on prenne dans l'intérêt des mineurs ou incapables toutes les précautions
qu'on jugera nécessaires, à la condition encore que, sous prétexte de les protéger, on ne
les ruine pas ; mais pour les autres ventes,
pour les ventes n'intéressant que des majeurs,
des capables, quel danger a-t-on à redouter ?
Quelle collusion à craindre ?

La veille de la saisie, le débiteur peut ven-
dre son immeuble sans publicité, sans concurrence, par acte sous seing privé, s'il lui convient ; la loi n'y voit aucun danger ; et le len-

demain de la saisie il y aurait danger à ce qu'il la fit, cette vente, aux enchères, après annonces, devant notaire !

Qu'ont à craindre les créanciers ?

Assignés, prévenus d'une manière toute spéciale, si la procédure actuelle est suivie, ils peuvent assister à la vente, la surveiller, défendre leurs intérêts.

Non assignés, si on abandonne une procédure que nous jugeons inutile, l'acquéreur devra, après la vente, purger son immeuble des hypothèques inscrites et ils exerceront alors, si le prix de vente ne leur paraît pas sincère, leur droit de surenchère comme ils l'auraient fait après une vente volontaire.

En résumé, la compétence du notaire en matière de ventes, sa compétence même exclusive est indiscutable ; seul il peut dresser un cahier des charges satisfaisant, complet ; connaissant par sa pratique journalière, toutes les difficultés, toutes les discussions, toutes les contestations que peuvent faire surgir des conditions mal établies, des servitudes mal définies, il y remédiera ; son intervention aux ventes est toujours utile, souvent nécessaire ; elle s'impose.

Il est certain qu'une loi consacrera cette vé-
rité quand les préoccupations exclusivement
politiques éteintes ou disparues permettront
au Gouvernement, à la Chambre de se dévouer
entièrement aux réformes utiles.